모란의 저녁

김경성 시집

시인동네 시인선 219

김경성 시집

모란의 저녁

시인동네

시인의 말

아무것도 아닌
무언가로 가득 차 있는

간절함은 그 무엇도 다 이긴다.

부디 오래 살아남아
고서(古書)가 되어주기를

2023년 11월
김경성

차례

시인의 말

제1부

담쟁이 · 13
맨드라미 · 14
물고기 몸에 물이 차오를 때 · 16
다정한 연인 · 18
더할 수 없는 이름으로 · 20
녹슨 거울을 들고 있다 · 21
캥거루와 해바라기 · 22
파피루스와 나비 · 24
씨앗 연대기 · 26
눈부처 · 28
파미르에서 쓰는 편지 · 30
모란문 찻사발과 바다 · 32
돌 속에서 잠든 새 · 34
모란의 저녁 · 36

제2부

프러시안블루 · 39

보라의 원적 · 40

무자치 · 42

목이긴굴뚝새 · 44

뒷모습 · 46

용장사곡 삼층석탑 · 48

저녁 숲의 은유 · 49

망고나무와 검은 돌 · 50

모래시계 속의 낙타 · 52

산수국 · 54

망해사 · 55

혼자 먹는 밥 · 56

묻힌 얼굴 · 58

피아노가 있는 바다 · 60

제3부

마애불 · 63

우산 · 64

제라늄 꽃 옆에 · 66

새의 노래 · 68

외딴섬에서 하루 · 70

바위꽃 · 71

무언가 · 72

비비추새 · 74

물고기의 눈 · 76

몽상가의 집 · 78

검정말 · 80

순록 떼를 찾아서 · 82

여전히 나무는 나무 · 84

제4부

나는 당신을 모르고 · 87

낯선 · 88

유리의 방 · 90

여강에는 섬이 있다 · 92

포옹 · 94

잠행 · 96

상처에 관한 변주곡 · 98

모두의 방식 · 100

여름비 · 102

잠망경 · 104

그보다 더 오래된 슬픔 · 106

붉은 방 · 108

비긴 어게인 · 110

오동꽃 필 무렵 · 112

해설 존재의 비의(秘義)를 밝히는 낯섦의 시학 · 113
    박진희(문학평론가)

제1부

담쟁이

높은 벽을 기도소 삼아
끊임없이 실을 꿰어 무늬를 짜며
기도를 한다

어디를 닿아도 천국이라고

쉼 없이 나아가는
그는 성자다

맨드라미

그의 근원을 찾아가면 주름진 길의 가계가 있다
길 바깥에 촘촘히 앉아 있는 수천 개의
검은 눈이 있어
꿈속에서라도 어긋날 수 없다

단단하게 세운 성벽은 안과 밖이 없다
이쪽에서 보면 저쪽이 바깥이고
저쪽에서 보면 이쪽이 바깥이다

어디든 틈만 있어도 잘 보이는 눈이어서 지나치지 않는다
자리를 틀면서부터 새로운 가계가 시작된다
뜨거운 불의 심장을 꺼내 기둥을 세운 후 세상과 맞선다

처음부터 초단을 쌓는 것은 아니다
 제 심지를 올곧게 땅속 깊이 내리꽂은 후 뱃심이 생기고 꼿꼿해질 때
 온 숨으로 쏘아 올리는 붉음

높이 오를수록 몇 겹으로 겹쳐가며 치를 만들고 면을 서서히 넓혀가며 하나의 성이 세워진다

 상강 지나 된서리 때리는 새벽
 수탉이 볏을 세우고 푸드득 날갯짓을 하며
 날 듯 나는 듯 소란스럽다

물고기 몸에 물이 차오를 때

물이 사라진 것이 아니라
바람의 힘을 빌려 바다가 쏘아 올린
섬을
우리는 사막이라 불렀다

물고기 비늘이 석양에 반짝이며 휘몰아치고 차도르를 쓴 바람이
사구를 넘어가는 곳
보라 꽃을 문 사막의 나무는 모래 속에 몸을 파묻고는
밤이면 이슬을 끌어모아 숨을 피워 올리고

리넨으로 칭칭 감은 미라처럼
물고기 뼈가 햇빛을 뒤집어쓴 채 나뒹굴었다
말을 잃어버린 늙은 개가 사막여우가 되어 어슬렁거리며
긴 혀를 내밀어서 부드러운 문자를 써 내려갔지만
그 누구도 읽을 수 없게 금세 지워졌다

바다가 제 속에 품고 있는 것이 사막이었다는 것을 왜 몰랐

을까

  애초에 바다였을 사막
  순식간에 날아오르는 모래바람이 바다 쪽으로 가고 있다

  살이 빠져나간 물고기의 뼈에 한 스푼의 물이 고인다

다정한 연인

세상의 모든 골목은 닮아 있다

옆구리에 끼고 가는 골목은 애인 같아서 이따금
무릎 같은 계단에 앉아 쉬었다 가기도 하고

제가 나무인 줄 알고
전단지를 이파리처럼 흔들어대는 전봇대까지도 다정해서
늘 그날인 것처럼
고백 못하는 내 안의 상처나 슬픔까지도 다 받아준다

반쯤 접혀서 잘 보이지 않았던 길을 오고 갔던 사람들은
지금 어느 나무 아래에서 쉬고 있을까

이따금 밥 냄새가 작은 창문을 빠져나와 골목 안쪽까지 배부르게 하고
나는 봄밤에 울컥울컥 피어나는 매화처럼 이파리 한 장 없이도
멀리 아주 멀리 향기 보내는 법을 배운다

골목에서 자라고 익어갔던 사람들이
먼 곳에서 불쑥 찾아와서
제 안의 숨은 그림을 찾아 퍼즐을 맞추며
어떤 조각은 생각하지 말자고 눈 속에 비치는 제 얼굴을 바라본다

휘어지고 구부러진 채로 그 자리에서 늙어가는 골목,
깊숙이 간직했던 시간이 여기에 다 있다고
나무 대문이 삐걱 소리를 내며
저절로 열린다

달아나고 싶어서 가장 멀리 가는 버스를 탔어도
끝내 되돌아오게 만드는
다정한 연인의 끌림

더할 수 없는 이름으로

단 한 번에 모든 것을 바꿀 수 있을까

문을 열고 닫음
그 사이에서만 일어나는 순간의 환희

밤이 오면 닫아놓는 꽃살문에서
빗살을 타는 달빛으로 피어나고
새벽이면 붉음으로 피어난다

솟을모란꽃, 솟을국화꽃……
더할 수 없는 이름으로
한 그루 한 그루 서로의 이름을 부르다가
어간문에서 만나 꽃밭을 이룬 저 장엄

꽃살문의 원본은
나무가 제 심장을 내어주고 얻은 꽃말이다

녹슨 거울을 들고 있다

얼굴이 언제부터 보이지 않았는지 알 수 없다
다만 지금은 청록의 시간이라는 것

한차례 뜨거움이 지나가고
마지막 숨을 풀어내는 연기의 끝까지 가보면
그곳에는 청록의 시간을 닦아낼 수 있는
한 줌의 재가 있다

청록을 지우고
빛이 나면
그 시간이 되돌아올 수 있을까

녹슨 거울이 물고 있는 것은
그 속에서 거닐었던 사람의 생이라고

먼 시간을 건너온 슬픔이
나를 비추고 있다

캥거루와 해바라기

잘 익은 햇빛과 바람이 긴 목을 타고 넘어와서
당신의 입술을 적시던 시간
너무 멀리 가 있다

말할 수 없는 냄새로 가득 차 있는
오크통에서 발효되었던 시간,
코르크를 따는 순간 어떤 기류에 휩싸였었다

누군가 꺾어서 버린 해바라기 몇 송이
캥거루의 뱃속에서 마르고 있다
시간을 읽지 않는 해바라기
살아 있는 동안 해 뜨는 곳을 바라봤다면
이제는 해 지는 쪽을 바라보리라

캥거루 그림이 그려진 와인 병, 더는 빈 병이 아니다
캥거루의 긴 다리에 눈이 걸린다

점점 더 고개를 숙이는 마른 해바라기를 꺼내놓고

병을 굴려본다

캥거루가 달린다
달리고 또 달린다

파피루스와 나비

목이 긴 파피루스는 물을 떠나지 못한다

물속에 발을 담그고
풀어헤친 머리카락으로 바람의 눈을 빨아들인다

햇빛 속으로 나비가 날아오를 때
멀리 떠나갔던 낙타가 대상인을 태우고 왔다

사막의 길을 풀어놓자
차도르가 길 밖으로 흘러가고
오래 집을 떠났다가 돌아온 사람에게서
모래바람 냄새가 났다

낙타가 싣고 온 것은
바라보기만 해도 눈이 밝아지는 은 촛대
촛농이 묻어 있는 촛대를 두 손으로 문지르니
눈물 흘리는 달의 문양이 보였다

파피루스 꺾어서 꽃물 찍어 써 내려간 대상인의 문장은
우리가 알고 있던 것이 아니었다

먼 데서 따라왔던 달만큼이나 은은한 말[言]의 문양이
샤프란 꽃술 같았다

씨앗 연대기

물속에서의 날들이 여울진다

비릿한 몽유의 시간들
물고기의 뼈가 낱낱이 해체되어 조각으로 떠다니는
숲

마음이 일렁이는 날들의 습한 시간이 낳은 날을 기억한다

파문이 온몸을 휘감아
어쩔 줄 모르던 순간
지느러미를 흔들며 빛을 내어주던 밀정의 민낯
오래 잊고 있었던 얼굴이다

살아진다, 살아간다
그 사이에서 빛을 향해 달음질친다

더 멀리 가려고 하면 할수록 푹푹 빠지는 늪,
보이지 않는 어떤 손이 잡아당기는 것 같아

촉수를 내밀어서 깊숙이 뿌리를 내린다

담을 수 없는 것까지 들이는 물거울 속으로
물잠자리가 날아간다

눈부처

바람이 어지럽게 부는 날에는
물고기가 소리를 내는 법주사 팔상전에 들고 싶다

물속인 양 나도 물고기가 되어
몸으로 소리를 내고
나무의 몸으로 지은 호수 안에서
지느러미를 흔들어 춤을 추고 싶은

몇 차례의 바람이 지나고 나면
소리의 파문이 둥근 무늬를 하나씩 지워가며
몸속에서 일렁이던 소리도 고요해진다

숲속 나무는 몸을 세워서 하늘 높이 날아오르고
산신각 앞 너럭바위는 비늘을 몸에 붙이고
물을 부른다

열여섯 마리의 물고기가 몸 부딪쳐 불러내는 세상의 말

끝내 속말 하지 못하고 보내야 했던 사람들
눈부처 되어 어른거리는
봄날 오후

목탁 소리에 눈물이 묻어 있다

파미르에서 쓰는 편지

세상 모든 별들은 파미르 고원에서 돋아난다고
붉은 뺨을 가진 여인이 말해 주었습니다

염소 젖과 마른 빵으로 아침을 열었습니다
돌산은 마을 가까이 있고
그 너머로 높은 설산이 보입니다

아이들의 눈빛이 빛나는 아침입니다
나귀 옆에 서 있는 사람의 그림자가 나무 우듬지에 걸쳐 있고
풀을 뜯는 나귀의 등에는 짐이 없습니다

아이들의 웃음소리에 백양나무 이파리가 흔들릴 때
왜 그렇게 먼 길을 떠나왔는지 알게 되었습니다

당신은 멀리 있고
설산은 점점 가까워지고 있습니다

고원에 부는 바람을 타고 나귀가 걷기 시작했습니다
나귀가 노인을 이끄는지
노인이 나귀를 따라가는지

두 그림자가 하나인 듯 천천히 풍경 속으로 들어갑니다

모란문 찻사발과 바다

속성을 잃어버린 것들도 긴 시간 끝으로 가서 보면
처음의 마음이 남아 있다

입술의 지문은 지워지고
밀물과 썰물의 주름을 타며
인도차이나반도 눈썹 끝에 올라가 있다

뿌리가 없는 그는 바닷속에 노숙할 집을 지으며
가끔 바다의 등지느러미에 올라가서 별이 되고 싶었으나
바닷속 둥근달로 떠 있다

찻잎을 담고 차향을 머금었던 몸으로 따개비를 끌어안았지만
세상 밖으로 나가는 일은
보이지 않는 길을 찾아 날아가는 새들의 부리만큼이나
단호하게 닿을 수 없는 뜨거움이었다

모란꽃에 붙은 따개비의 가계는 꽃잎 번지듯 천천히 몸을

불려 가고
　닻을 내린 목선(木船)의 선미에도 오를 수 없는 아득함
　그 누구에게 위안이 될 수 있을까

　오직 우물 같은 몸 안에 바다를 담아놓고
　수평선의 본선이 되고 싶을 뿐

　찻사발 모란꽃에서 날갯짓하는 나비 위에
　휘어진 실금이 어디론가 가고 있다

돌 속에서 잠든 새

오래 생각하는 것들은 새가 되었다

어떤 새는 돌 속에서 잠이 들었다가 솟대가 되었다
하늘과 지상을 잇는 빛의 길을 내어주는 것이 그의 몫,
깃털이 빛을 받아 사람들의 머리 위에 무지갯빛을 내려주어도
염원처럼 생각은 쉬이 접히지 않고

무엇이 되고 싶다고 한마디 말을 해보지만
간절한 말은 너무 깊이 있어서 가장 늦게 터져 나왔다
그 말은 끝내 번져가지 못하고 그저 맴돌기만 할 뿐
너무 오래 생각을 하거나 생각 속으로 너무 깊이 빠져드는 일은
돌 속에서 잠든 새를 꺼내는 일처럼 어렵다

정(釘)으로 수없이 내리쳐서 오래 잠겨 있던 생각을 걷어내면
새는 그때 잠에서 깨어난다

돌 속에서 가장 먼저 나온 부리가 어떤 울음으로 말을 한다
그 말을 잘 접어서 하늘과 잇닿는 빗금 위에 올려놓으면
멀리 보는 새의 눈을 볼 수 있다

새가 빠져나간 돌 속에 두 손을 넣으면
순간 날갯짓하는 나를 보게 된다

모란의 저녁

물의 결이 겹겹이 쌓이는 저녁이 오고 있다

멀리 왔으니 조금 오래 머물고 싶다고
지친 어깨에 내려앉는 노을빛은 붉고
무창포 바다 왼쪽 옆구리에 쌓이는
모란의 결

누군가 마음속에 넣어두었다가 꺼내놓았는지
꽃잎 사이사이 조약돌 같은 꽃술이 바르르 떨린다

바다가 너울너울 무량하게 피워내는
모란
바람의 깃에 이끌려 꽃대가 흔들린다

초승달에 걸린 바다가
허물어진다
모란이 지고 있다

제2부

프러시안블루

그물을 빠져나온 작은 물고기가
백사장을 끌어내고 있다

비늘을 다 떼어내고
마음의 빗장을 풀어서 멀리 던져버렸지만
가슴 한구석을 쓰리게 할퀴고 가는
가시는 어디에서 온 것인지

바다가 하늘이고
하늘이 바다가 되는

내가 말하지 못하고
가슴에 품고 있는 말들이 이런 빛일까

손끝이 저릿해지며 온몸을 휘감는
해 지고 난 후
짧은 프러시안블루의 시간

보라의 원적

덧입혀진 색이 기울어져 있다
빛이 닿을 때마다 몸을 바꾸는 그림자에 물이 고인다

그 무엇과 부딪쳐서 생긴 흔적이
문득문득 몸 언저리에 피어나서
몸 바깥으로 나 있는 그림자의 길이 검붉었다

몸을 바꿔서 모서리가 되기로 했다
둥근 것들이 내는 소리가 부드러운 것만이 아니고
모서리가 내는 각지고 찔리는 소리 모두 날카로운 것도
아니었다

가장 깊게 부딪친 곳에 중심을 두고 옅어지는 보라는
천천히 빠져나가고
어떤 상처는 눈물 번지듯 뼛속까지 들어가서
움직일 때마다 찌르레기 소리가 났다

더 깊게 들어가 보기 전에는 알 수 없어

손차양을 하고 아득하게 바라보며 가늠할 뿐
여러 날이 지나야 사라지는 보라의 지문은
몸 안쪽에 고여 있던 슬픔이 흘러나온 것

목까지 차오른 보라의 원적은 슬픔의 색이라고
누구에게 이야기해야 하나

그 누가 숨 깊은 두 귀를 내게 내어줄 수 있을까

무자치

꺾이지 않는 몸이어서
구부리거나 똬리를 틀어서 몸으로 말한다

모서리가 없는 것들이 부드럽고 온화하다고 하지만
꼿꼿이 서서 바라보는 세상은 어떤 모습일까
나뭇가지를 타고 바라보아도 언제나 어느 한 곳은 휘어져 있고
몸속에 독이 없어도 세상은 나를 똑바로 보지 않는다

빗방울이 화살이 되어 꽃잎을 떨어뜨리는데
내 몸도 길게 펴서 화살이 되어보자고 단 한 번에 쭈욱
앞으로 나아가 보려 하지만
저절로 휘어지는 몸 어찌할 수 없는

너는 너, 나는 나
네가 할 수 있는 것과 내가 할 수 없는 것
그 무엇으로도 닿을 수 없는
너와 나라는 본질

자꾸만 구부러지는 몸
지나가는 자리마다 긴 파문이 인다

물옷을 벗고 저수지 둑을 넘어갈 때에도
휘어져야 앞으로 나갈 수 있는
나는 한 마리 무자치다

목이긴굴뚝새

새들은 하루에도 몇 번씩 날아와서
어떤 징표를 확인하려는 듯 머물다 간다

담쟁이도 긴 몸 위에 잎을 겹쳐서
어딘가에 닿을 것만 같은 지도를 끊임없이 그려나간다
저 속에는 다 가보지 못한 길이 숨겨져 있다

지붕 위의 목이 긴 새 한 마리
저릿한 마음결 무늬와 뜨거움 다 어디로 보내버리고
긴 부리를 열어서 들리지 않는 노래만 부르고 있는 것일까

날고 싶어 지붕에 올라갔지만 평생토록 날지 못하는 저, 굴뚝을
목이긴굴뚝새라고 부르면 안 되나

먼 하늘까지 높이높이 날아다니는 그런 날이 온다면
목까지 차오른 기쁨이 넘쳐 눈물 나겠다

빈집 속에서 소멸해 가는 것들이 내는 저음의 소리를 물고
목이긴굴뚝새가 날아오른다

뒷모습

  욕실 벽을 오르내리는 도마뱀의 행방을 쫓는 일이 일과가 되었다

  샤워기 옆에서 물길을 읽고
  어떤 날에는 구석에 엎드려서 곰곰 생각에 잠기기도 하고
  마음의 부리가 예민해진 날에는 쏜살같이 어딘가에 숨어버린다

  소나기처럼 쏟아지는 물소리가 밀림 속 몬스테라 잎을 두드리면
  어딘가에 숨어 있던 도마뱀이
  야생의 시간을 풀어놓는다

  원시의 시간으로 돌아가
  샤워기 아래 서서 교감할 때
  나는 차마 비누 거품을 일으키지 못하고
  쏟아지는 물줄기만으로 하루 동안 걸었던 길을 지운다

어느 늦은 밤 천둥 번개를 몰고 온 스콜은 무섭게 창문을 흔들었고
새벽녘 밀림의 문을 열고 들어선 순간
흰색 타일 속 그림이 되어버린 도마뱀

그렇게 소리도 없이 뒷모습만을 보여주며
고요 속으로 침잠해 버린
한 달 동안 교감했던 야생의 시간이 압착되었다

도마뱀이 잠든 곳은 이제 더는 밀림이 아니어서
몬스테라 잎마저 그림자를 지우고

거품이 잘 이는 비누로 비구름을 만들어서
타일 속으로 들어간 도마뱀의 등에 무지개를 걸어주었다

용장사곡 삼층석탑

저렇게 긴 문장의 책을 본 적이 없다

껍질을 벗겨 내어서
살 냄새나는 말로만 쓰인 책,
저 고서의 표지를 한 번이라도 읽어본 사람은
가슴 안쪽에 있는 마음에 젖어 들어서
책의 본문 속으로 들어가려고
수없이 마음으로 돌고 돌았을 것이다

백지였을 때
저 높은 곳까지 첫말을 끌어올려서
서문을 썼던 사람들의 그림자는 뿌리가 되었다

천 년 동안 귀를 열고
다른 말로 다가오는 발자국 소리를 들으며
아직도 쓰이지 않은 말들을 적고 있다

저녁 숲의 은유

숲이 된 새는
어두워지면 높이 날지 않고
나무속으로 들어가서
제 눈에 들어간 것들을 풀어내며
숲 밖의 세상을 본다

눈에 보이지 않는 그물이 쳐진 저녁 숲
달빛이 발등까지 스며든다

모든 것을 다 품은 숲의 어깨를 타고 흘러가는 바람도
한없이 순해져서 가야 할 길을 말아놓는다

말할 수 없는 마음의 낱장들 다 빠져나가
가운데가 텅 빈 그림자 하나
나무와 겹쳐지며 그대로 숲이 된다

망고나무와 검은 돌

나뭇잎이 빙그르르 맴돈다

몸속의 것을 파내고 물을 들여놓으니
나이테가 풀리면서 물이 흔들린다

씨앗에 날개를 단 망고나무 그릇
건기의 바람을 들인 탓에 물 위에서도 둥둥 뜨고

물과 빛은 사라지고
긴 잠에 들어 말문을 닫았던 나무가 깨어나서
푸른 말을 내놓는다

조각칼을 대면 흰 강줄기가 흐르는
아프리카 검은 돌 접시에 있는 그림 속 물고기가 팔딱거린다

망고나무 그릇 옆에 돌접시를 놓으면
얼룩말에 앉은 흰 새가 날갯짓하고

망고 씨앗도 깃을 편다

망고나무 푸른 그늘을 도려내어 돌접시에 담아놓자 물이 출렁인다

잃어버렸던 우리들의 말들이 깨어나는 순간이다

모래시계 속의 낙타

타클라마칸에서 온
흙으로 빚은 낙타 한 마리를 들어 올리자
쏟아지는 사막의 모래
똑바로 세워놓을 수 없는 모래시계가 낙타의 울음을 머금고
뱃속에 들어 있었다

바람은 어디에서 와서 어디로 흘러가는지
분해할 수 없는 어떤 미묘한 것들이 낙타의 배 안에서 빠져
나오지 못하고
바람 소리로 답했다

세상의 끝은 어디에서도 찾을 수 없어
끝이라고 생각하는 순간이 바로 시작이라고
모래시계는 멈추지 않고 사막의 시간을 쏟아냈다

뱃속이 다 비워지고 울음소리가 잦아들 무렵에서야
내 등을 떠밀던 타클라마칸 바람도 사라지고
사막의 길이 돋아났다

걷지 못하는 낙타는 모래 위에 누워 움직이지 않고
울음이 밴 모래는 마지막으로 온 힘을 다해
전갈의 독을 토해냈다

산수국

나비를 들이고 사는 그는 꽃잎을 얻는 대신 꽃술을 지웠다
작은 몸짓에도 일렁이며 존재를 확인하는

멀리 날아가 버린 은밀한 말은 생각하지 말고
지금 이 순간 내 마음의 테두리 안에 고요히 들어앉은
당신만 생각하자고
길고 긴 폭염의 시간을 마음의 수틀에 끼워 넣었다

젖은 마음을 어디에 펼쳐놓을까
얇은 꽃잎마다 빛을 들이며
물거울에 비춰본다

얼마나 깊은 자리에 뿌리를 내렸는가, 당신
몽환의 색으로 뭉클뭉클 피어
벌과 나비를 부르고는
한마디 말도 못하고 애틋하게 몸 뒤집는
저, 헛꽃잎들

망해사

바다가 보이는 절 마당에 석탑이 서 있다

언제부터인가
흰 새들이 날아와서 바다에 탑을 쌓기 시작했다
그림자가 길어졌다가 짧아지는 석탑보다 더 높아졌다

어떤 날에는
절집의 석탑이 그림자를 다 거둬들이기도 전에 옥개석의 흰 처마를 펼쳐서 제 몸을 늘리기도 했다

어느 간절한 기도가 닿았는지
억새꽃이 일렁이자 거짓말처럼 날아올랐다가 다시 바다로 되돌아왔다
흰 탑의 가늘고 긴 다리에 걸린 바다

그 자리에 오래 서 있는 것만이 다는 아니라고
날아오르는 흰 탑을 바라보며
나는 아프고 슬펐던 날들을 불러 보았다

혼자 먹는 밥

밥그릇이 다 비워지는 시간이 너무 느리다

문밖에 길이 있어도 걷는 길이 아니다
옆집 고양이가 밤새 온 동네를 휘젓고 다녀도 소리가 들리지 않는다

해바라기는 꽃판에 연속무늬를 새긴 씨앗으로 새들을 불러 모아 높이 난다

장미 덩굴을 타고 오르는 나팔꽃은 높은 곳까지 올라가 주르륵 꽃을 매달아 놓고 끝까지 길을 놓지 않는다

어느 것 하나 움직이지 않는 것이 없다 그러나 너무 멀리 떠난 것들은 쉬이 돌아오지 않는다

맹목으로 달려가고 싶은 길은 도대체 어디에 있는가
목줄이 팽팽하도록 앞으로 나아가도 다시 되돌아오고야 만다

빈 밥그릇에 얼굴을 묻고 울음을 삼킨다

목줄을 물어뜯다가 선잠에 든 잠깐, 꿈결인 듯 늑대의 껙껙대는 소리가 달밤을 두드린다

길은 어디에도 있고 어디에도 없다

묻힌 얼굴

무릎에 얼굴을 묻고 생각에 잠기다 보면
눈물이 날 적 있다, 어떤 말로도 위안이 되지 않는
그런 사소한 슬픔까지도
무릎이 다 받아준다

어떤 슬픔이 있어서 그렇게 오랫동안 흙 속에 얼굴을 묻고 있었을까

새들은 날고 거북이는 걸어가고 아기 고래는 먼 바다로 나갔다가 돌아오고 나무는 그 자리에서 그늘을 넓혀가고 수많은 사람들이 피었다가 지는 동안에도 무언가를 끊임없이 생각하고 있었을 그가 빛도 들지 않는 곳에서 찾고 싶었던 것은 무엇일까

처음부터 없었던 얼굴과 몸을 돌 속에서 꺼내준 사람은 아직도 손에서 정과 망치를 놓지 못하고 있을까

경주 남산자락 흙 속에 파묻혀 있다가

천백 년 만에 고개 들어 세상을 바라보는 통일신라시대 불두(佛頭)
 십여 미터 거리에 몸을 두고 그저 바라보고만 있었다니

 세상의 슬픔을 다 짊어지고 흙 속에 얼굴을 묻고 있던 그가 모든 색을 다 머금고 깨어났다

 울음을 받아주던 산자락까지도 결국 푸르다

피아노가 있는 바다

오래전에 떠난 당신의 그림자가
한참이나 머물다 간다
빗물 먹은 악보가 눈물처럼 번져 있다

바다가 연주하는 곡이 건반마다 새겨져서
그토록 깊고 푸른 통음이었을까
바닷속까지 뒤집는 격정적인 연주는 당신의 울음이었을까
우는 당신이었을까

몸으로 읽은 기억은 사라지지 않는다

바다 깊숙이 가라앉았던 낡은 피아노가 월정리 바닷가에
나와 있다
갈매기 한 무리가 피아노 건반에 앉아서
붉은 눈을 비비고 있다

교향곡은 아직 끝나지 않았다

제3부

마애불

우는 법을 배우지 못했다

비가 와도 웃고 눈이 와도 웃는다

한밤중에도 웃는다고
별들이 내려다본다

옷 한 벌 입혀주고
손잡아 주던 그 사람

천 년째 맨발로 서서 기다리고 있다

우산

그림자가 없는 사람들이 걸어가고 있다, 한결같이
날개를 활짝 편, 새 한 마리씩 데리고 간다

저 새들은 모두 어디로 가는 걸까
어떤 새는 숲으로 들어가고
어떤 새는 골목길에 있는 작은 문을 열고 들어간다
날지 못하는 새는 눈물 흘리며 뭔가를 말하려고 하는데
자꾸만 날개 속으로 들어가는 사람들
아무도 귀 기울이지 않는다

누군가에게 기대어 사소한 말이라고 하고 싶은데, 젖어 있을 때만
날개를 펼 수 있는 새의 운명을 무어라 불러야 할까

날개 접은 새를 안고 버스 뒷자리에 앉는다
버스 문이 여닫혀도 놀라지 않고
부리로 무언가를 쓴다

모스 부호 같은 말들을 읽느라 내릴 곳을 놓쳐버린 나는
우음도 가는 사강 어디쯤에서
지도에도 없는 길 너머로
젖은 새를
날려 보냈다

제라늄 꽃 옆에

하루 이틀 사흘
물감을 짜 놓고 가는

손을 대면 묻어나는 안개의 얼굴색
어느 하늘 어디쯤에 피어 있던 꽃송이더냐, 열매이더냐, 씨앗이더냐
삼킨 것들을 저렇게나 말랑하게 남겨놓았느니

세상의 풍경들, 수묵화를 그려도 좋을
먹색과 목화솜빛색
화선지에 닿는 순간
한 폭의 수묵화가 될 것만 같아
아,
나는 함부로 그림을 그릴 수 없어
마음에 적신 붓을 들고 허공에 저어보네

오롯하게 모아서 화단에 묻어놓으면 어떤 새싹이 돋아날까
산버찌 맛 고이는 내 마음까지 같이 묻어놓고 싶네

제라늄에 내려앉는 햇볕 쓸어 모아
당신의 이마에 대어주고 싶은 시월 오후

똥 누러 오는 어떤 새를 기다리는

새의 노래

장맛비 속에서 새 울음이 새어나왔다

새는, 일상을 지나는 중이라고
그 많은 비를 맞으면서도 여느 날처럼
몇 알의 풀씨를 깨우며 젖은 날개를 털었다 순간,
흩어지는 깃털
고양이는 너무 빨랐다

순식간에 노래를 잃어버린 새는
나, 여기 있다고 단 한 번 긴 울음소리를 냈다

빗물은 마당에 고랑을 만들며 새 울음만을 남겨놓고는 대문 밖으로
빠져나갔다

저도 모르게 새 울음을 삼킨 고양이는 죽은 새를 풀숲에 놓았다
고양이가 떠나고 새만 남은 시간

새의 몸은 따뜻하고 감기지 않은 두 눈은 핏빛이었다

앵두나무 아래 구덩이를 팠다 잔뿌리가 척척 호미를 끌어당겼다
새가 깃든 나무는 아무 일도 없는 것처럼 흔들리며
그렇게 계절을 건넜다

새봄 앵두꽃이 다 지고 난 후
새의 눈을 닮은 앵두가 다닥다닥 열렸다

외딴섬에서 하루

귀를 막은 채 바닷가에 서 있다

길을 잃은 바람이 늙은 뱃머리에 몸을 던진다
폐업한 횟집 작은 창문으로 나를 밀고 들어온 바다가 출렁거린다

구름이 창문에 색을 입혀도
바다로 나가지 못하고 뭍에 떠 있는 폐선
더는 길을 나서지 않겠다는 듯 녹슨 닻을 저만치 두었다

창문 속에 갇혀 있다가 빠져나온 나도
젖은 몸속에서 눈물을 꺼내 바다에 놓아주고
귀를 열어서 보이지 않는 소리를 깊이 밀어 넣고
보았으나 보이지 않았던 것들을 생각한다

뒤돌아보지 않는 바람이
바다를 한껏 접어 밀고 가면서
이름 모를 흰 꽃을 자꾸만 내어준다

바위꽃

한 생이 피었다가 지는 동안 숨결 닿는 곳에서
소리 없이 새겨지는 흔적이 있다

협곡으로 사라져 간 바람은
무언가를 붙잡고 놓아주지 않고

사막 어디쯤에서는 밤눈을 밝히는 여우 울음소리가 들쥐를 밀어내며
소소초의 바늘잎을 더 날카롭게 키웠다

지문을 갖고 태어났지만 어디에 발자국을 남겨야 할지 막막했다
수억 년 전 눈 맑은 공룡이 걸어가면서
바위에 한 송이씩 피워 올린 발자국 꽃

고성 덕명리 공룡화석지
맨발로 걷는다

무언가

   물에서 미리 뿌리를 내리는 삽목처럼 물줄기를 찾아서 왔을까

   가지가 잘린 나무가 종이상자가 되어 집으로 왔다
   간고등어 복숭아 감자 양파 지중해의 올리브와 목관악기가 들어 있다

   나무는 수신인이 찍혀 있는 소인을 따라서
   현관 앞에 탑을 쌓기도 하고
   사람들의 입에 덧대어진 향기도 없는 넓은 꽃잎이 지는 것을 바라본다

   전지가위로 잘라낸 수국은
   덧없다는 말을 다 지우고 가지 끝에 뿌리를 내리며
   꽃숭어리에 닿고 싶어서 호흡이 가쁘다

   수국이 물을 빨아들이듯
   밖으로 나가지 못하는 사람들은 목관악기로

무언가를 연주한다

입을 닫고 손도 마주 잡을 수 없는, 오로지
눈으로만 말하는 세상

새벽에 배달된 목관악기를 꺼내서 연주를 시작한다
집안 가득히 차오른 무언가(無言歌)
창문 틈으로 새어나간다

비비추새

  누군가 푸른 시간을 뜯어서 버렸어요 빈 병에 물을 채우고 가만히 밀어 넣어 주세요 수평의 시간을 살고 싶어요

  긴 몸을 더 길게 늘여요 뜯긴 자리가 쓰라리면 뿌리에 가까이 다가선 거예요 물에 잠긴 흰 이파리에서 부리가 돋아나요 건너갈 강이 넓어도 금세 건널 수 있어요

  시간이 갈수록 흰 부리가 커지면서 뾰족한 혀를 키워요 노래를 부를 수 있어요 닿을 수 없는 흙의 기억은 이젠 잊기로 해요 물속에서도 부리는 강해지고 날개는 더 크게 자라니까요

  어느 하늘에서 날아들어 온 새일까요 병 속에서 하루가 가고 열흘이 가고…… 날개 안쪽에서 보라 꽃이 피어나는 비비추새, 스르르르 눈을 뜨고 있어요

  귀 기울여봐요
  비비추새 노랫소리가 들려요

푸르르 푸르르 날갯짓해요

한 마리 새가 품고 있는 저, 무한한 비상은 어디서 온 것일까요

물고기의 눈

속눈썹이 사라진 후 풍경을 잘라서
망막 안에 가두었다

파문이 일 때마다 와 닿는 전율에
앞으로 나아가거나 나무 사이로 스며들었다

저릿하게 구멍 난 몬스테라 잎 사이
쏟아지는 빛으로 살아가는
그보다 작은 것들의 숨,
나보다 더 많이 볼 수 있는 물고기 눈 뒤쪽에 내 눈을 맞추어서
그 숨을 들였다

물고기의 눈이 물속 풍경만 보이는 것이 아니듯
내 가슴 안쪽에도 숨어 있는 길이 있었다

물고기가 위로 솟구쳤다가 물속으로 사라졌다

날지 못하는 나는 이 생을 살면서 얼마나 많은 날갯짓을 했던 것일까
 견갑골의 통증이 잦아들 줄을 모른다

 밀림으로 들어갔다가 나를 두고 왔다
 끝내, 잃어버린 어안렌즈 뚜껑을 찾지 못했다

몽상가의 집

소리로 어둠을 읽는 두더지는
눈의 꽃술로 빛을 들이며 소리를 보는 귀를 가졌다
꿈꾸는 지상의 날들을 모두 땅속에 묻어두고
혼자만의 방을 만들었다

멀리서 걸어오는 사람 있어 귀를 열면
허락도 없이 들어오는 검은 소리, 그때 두더지는
미로를 만들며 빠르게 멀어진다

몽상가의 집은 두더지의 방을 지나 늪에 있다
바람이 잠잠한 날에 더 잘 보이는
물속의 집과 나무들
물옥잠은 공작 깃털 같은 꽃을 피워올려 섬을 만들고
새들도 구름을 밀고 다닌다

누구라도 집으로 가는 길을 걸으면
물을 잔뜩 머금은 나무와 하나가 되어
물의 내밀한 속에 들어가게 된다

멀리서 보면 선명하게 보이는 것들이
가까이 가면 바라보는 사람의 눈 속에서 아슴해진다

당신의 이름을 적어 대문 앞에 걸어두는 날이면
두더지는 미농지를 펼쳐놓고 앞다리를 저어서
길 밖으로 나가는 길을 그리고
작은 것들의 씨앗도 바람을 타고 와서 꽃눈을 뜬다

그때쯤 몽상가의 집에서도
너무 아름다워서 슬픈, 물꽃들이
소리도 없이 피어난다

검정말

갈기가 흔들릴 때마다 약속처럼
나도 흔들린다

물 밖은 위험해
솟구쳐 오르는 욕망을 물방울 하나로 누르며
멀리 나가고 싶은 마음마저 내려놓고

더 멀리 갈 수 있다고
갈기를 키우는 말은 암막 커튼을 걷어내고
발굽 아래로 흘러가는 길의 지류를 이마에 붙이는 일이라고

생이가래, 붕어마름, 올챙이솔, 쇠뜨기말, 솔잎가래, 물수세미……
그 사이에서 떼로 자라는 검정말은 달리는 말이 되었다가
물속 말이 되었다가

토슈즈를 신은 왕버드나무도
치마를 한껏 펼치고는 호수 속으로 뛰어 들어가

검은 말을 타기도 하고 검은 물풀이 되기도 하는
가을 한낮

당신은 안녕하신가
안부를 묻는 듯
물고기 떼를 품고 있는 검정말의 갈기가 흔들린다

순록 떼를 찾아서

눈썰매를 끌고 가는 순록을 본 적이 있느냐고
누군가 물었다

순록 떼를 만난 적이 없지만
눈썹 끝에 걸리는 속도를 몸속에 들여
숲과 들판을 지나 언 강을 건너며
바람의 기울기나 얼음 속 물결의 흔들림을 타는 것이라고
순록이 말해 주었다

그렇게나 기다렸던 순록 떼가
겹겹이 펼쳐지는 바닷물을 한 겹씩 걷어서 뿔에 휘감고
백사장에 펼쳐놓은 바다가 시간의 자국을 지우는
무창포 바다를 달리고 있다

툰드라 어디쯤에서 달려온 순록 떼의 눈 속으로 들어간
저물녘 노을빛이 어느 별에서 보내온 순한 말[言] 같다

당신이 부르고 내가 불렀으나

대답이 없는 것들이 들어 있는 뿔의 모습이
어디론가 흘러가는 물의 길처럼 하늘을 향해 번져가고

먼 옛날 얼음이 뒤덮인 툰드라였을지도 모르는 바닷속에서
순록의 숨결이 돋아나는지 윤슬이 반짝이고 있다

여전히 나무는 나무

느릅나무의 내부를 들여다본다

톱날이 몇 번 지나가자
새집이 바닥에 떨어지며 새들의 가계가 허물어져 버린다

새들을 품었던 나무는 한 품이 되어 트럭에 실려 갔다
순식간에 집을 잃은 새들, 날아가지 않고
나무가 있던 허공을 맴돈다

톱밥이 되어 쌓여 있는 나무의 말들
바람이 휘감으며 읽는다

달의 잔향이 남아 있는 새벽
나무가 있던 자리에 정령들의 발자국이 깊다

여전히 나무는 나무
새들이 그루터기에 앉아 있다

제4부

나는 당신을 모르고

바람이 낳은 당신은 미모사처럼 예민해서
조금만 움직여도 꽃가루가 날렸다

피어나기도 전에 시들어 버린 꽃들이 등고선을 이루고
걸음걸음마다 미처 여물지 못한 꽃씨가 터져서
젖빛 발자국이 끈적하게 얼굴에 달라붙었다
정지하지 못하고
어디론가 흘러가는 바람의 모가지를 끌어안았지만
깍지 낀 손을 풀면 손가락 사이로 빠져나갔다

나도 꽃이라고 안개처럼 피어올라
경계를 지우며 목을 끌어안고 가는 생도
뒤돌아보면 언제나 멀리 가 있거나
신기루처럼 사라지고

바람의 숨이 닿을 때마다
수없이 몸을 바꾸는 사막의 길은
당신도 모르는 그곳에서부터 시작된다

낯선

  낯선 당신과 낯선 내가 마주치면 어떨까

  아무도 찾아오지 않는 늙은 간이역처럼 언덕 위에 홀로 서 있는 나무를 향해서 걸었다 처음 불러보는 나무와 자주 불러주었던 꽃들이 뒤섞여서 낯선, 이라는 말이 사라지고 익숙함이 길 위에 펼쳐졌다

  낯선 당신은 가까이 있고, 낯선 나는 멀리 있는 사람

  이름을 불러주지 않아도 그 자리에서 해를 먹고, 달을 굴리는 사람

  얼마나 많은 시간 동안 낯선을 입안에 넣고 궁굴렸는지 동그랗게 닳아버린 낯선이 나서는으로 바뀌었다

  나는 길을 나서는 사람

  저물녘 새들이 흙 목욕을 하는지

밭고랑에 앉아서 흙먼지를 일으키고
수선화는 모두 같은 곳을 바라보고 있다
길 끝에 걸려 있는 민들레가 날고 있다

나에게서 더 낯설어져야겠다

유리의 방

새벽이면 온몸으로 벽을 밀고 있다
처음부터 없었던 나무는 기다려도 보이지 않는다
웅크리고 뒤척이며 시간을 태운다
위쪽으로 올라와 하루 동안 먹었던 비밀을 배설하고
다시 유리의 방으로 들어가 눈을 닫는다

눈이 있어도 보이지 않는다
수많은 밤과 낮이 둥근 몸을 감싸고 돌아간다

비밀은 발설하지 않을 때 비밀이 되지 않지만 누군가 한 사람이라도 알게 될 때 비로소 비밀이 된다 발설하지 말라는 말은 불문일 뿐 유리벽 안에 보이는 흰 등이 모든 것을 말해주고 있다

유리의 방에서 자라는 장수풍뎅이 애벌레가 번데기가 되어
허물을 벗고 뾰족한 뿔을 머리에 꽂으니
참나무 숲도 깊어지고

뿔과 날개를 키우며 우화를 끝낸 장수풍뎅이는 숲으로 갔다

 또 한 번의 우화를 꿈꾸는가
 유리의 방에 다시 흰 꽃잎 같은 등이 보이기 시작했다

여강에는 섬이 있다

여강에는 당신도 모르고 나도 모르는 섬이 있다

그 섬에는 새들이 젖은 깃털을 말리고
이따금 밀려오는 파문이 섬까지 닿는다

강 건너편으로 가는 새들은
발목이 휘는지도 모르고 길고 긴 물의 그물을 하염없이 끌고 가다가
강둑에 걸쳐 놓는다

강물은 아무 일도 없었던 것처럼 입을 다물고
바람이 흘러가는 시간을 밀고 오면
강 속으로 뛰어든 구름이 몸을 풀어 감싸 안는다

석탑의 깨진 지붕돌이 가라앉은 물속으로 뛰어드는
새 한 마리,
가장 아픈 시간의 조각을 물고 떠오른다

삼층석탑의 그림자가
물 위에 길게 드리워지며 그대로 섬이 된다

여강은 말없이 흐르고
새가 들어 올린 지붕돌 조각이 탑에 닿았는지
풍탁 소리가 번진다

바람이 분다
나도 당신도 그렇게 하염없이 번진다

포옹

 귓속에 고여 있는 말들이 뒤척이는지 울먹거리는 소리가 났다

 푸른 손을 흔들어서 지나가는 바람을 붙잡지만 이내 사라져 버리고 말아

 손바닥에 그려진 그물 같은 길 위에 무당벌레 한 마리가 앉아서
 나의 생애를 들여다보고 있다

 손을 쥐었다 펴보아도 그대로인 길, 조금씩 이지러지며 점점 사잇길이 늘어나고
 길 밖으로 나갔던 적이 너무 많았다고
 잠에 들 때에는 두 손을 이불 속에 넣었다

 뜨겁게 타올랐던 하루가 지고 둥근 달이 몸을 굴리며
 새벽이 오도록 젖은 눈을 말릴 때
 내 안에서도 어떤 출렁거림이 일고

세상 밖의 일들은 궁금하지 않다고 돌아누워도
내가 걸었던 길들이 온몸을 휘감으며 몸 바깥으로 나가고
원하지 않는 것들은 한꺼번에 몸 안으로 들어왔다

누군가를 안아주어야 할 시간이다
둥그렇게 휘어진 길 위에
당신과 나를 얹었다

잠행

형체도 없이 시간을 넘어서는 것이 존재의 이유다

산맥을 따라 굽이쳐 흐르는 흰색 줄무늬가 강인지 길인지 알 수 없다
다닥다닥 붙어 있는 마을이 야생마처럼
갈기를 휘날리며 달린다

열리지 않는 창문으로 스며드는 한 줌의 빛이
테두리 없는 얼굴에 난사될 때
어떤 기억이 날짜변경선을 넘어가고 있다

어제의 내가 오늘의 나이고
오늘의 내가 어제의 나였다는 것을 알아챘을 때
잠은 마음속까지 들어서고
방파제를 넘어서는 물보라를 맞으며
후우— 내뱉는 시가의 냄새가 다 벗겨지지 않는다

잠이라는 행성으로 떠나는 위험한 여행

두 손으로 얼굴을 감싼다

깊이 빠져들수록 점점 더 알 수 없는 미로
낯선 도시에 몇 날 며칠을 넣어두었을 때
비로소 잠이라는 동물이
물먹은 구름을 몰고 와 길을 지우고
물이랑 위에 한 사람을 올려놓는다

상처에 관한 변주곡

물속에 발목을 담고 사는 새들의 전생은 물이었다
뼛속을 비우고 하늘로 뛰어드는 것은
깃털을 가다듬기 위한 것

퍼득거리는 물고기를 물고 솟아오르는 물총새가
바람으로 물비린내를 닦으며 날아갔다

물속에 사는 것들이 물 밖이 궁금할 때는
물의 창문을 열어놓고 출렁출렁 제 속의 소리를 멀리 떠나보낸다

물의 풍경 흔들리지 않게
소금쟁이와 검은풀잠자리가 움켜쥐고 있는 물의 낯을
얇게 뜯어내면 수천 장의 풍경이 펼쳐진다

강 하구까지 오는 동안
출처가 지워진 물길이 강의 깊은 속까지 흘러 들어가서
우리도 모르는 상처가 섞이면서 흔들리는 것이다

물의 내장으로 스머드는 것 중에는
새들의 붉은 발과 부리가 일으키는 굴절의 소리도 있다

모두의 방식

 꽃이 지고 있어요 버찌가 부풀고 있어요 수양버드나무가 긴 가지를 흔드니 호수에 파문이 일어요 봄 내내 앉아 있던 청둥오리가 마지막 편지인 듯 푸드덕 날아오르며 아주 커다란 말을 호수 가득히 채워놓고 서쪽으로 날아갔어요 아무 일도 일어나지 않을 것 같은 소소한 날이었는데 그런 게 아니었군요 저도 그만 움찔! 한참이나 새가 날아간 하늘을 바라봤으니까요

 사는 일이 별거 아닌 게 아니었어요 제비꽃이 저보다 큰 나비를 불러들여서 꽃이 진 줄 알았으니까요 어느새 민들레 씨앗이 붕붕붕 하늘을 날고 있어요 공원 한가운데 서 있는 키 큰 모과나무에 연분홍 꽃이 피었어요 분홍으로 말하는 것들은 설렘이 있어요 꽃을 세어보다가 날이 저물 뻔했어요 하루해는 길기도 하고 짧기도 하다는 것 모과 꽃을 세다가 알았어요

 낮달이 종일 뭉게구름을 헤쳐가며 뒹굴더니 색을 입었어요 어스름 저녁 말랑말랑해진 달에서 은은한 빛이 나요 그제야

별들도 제 이마를 닦으며 눈을 깜박거려요 가끔씩 긴 꼬리를 매달고 지상으로 내려오는 별도 있어요

 버찌는 버찌대로 모과꽃은 모과꽃대로 별은 별대로 달은 달의 방식으로 살아가요

여름비

물의 잔가시들이 아프게 와 박힌다
진물이 흐르는 발목의 가시는 빼내지 않고 그대로 둔다

수없이 쏟아지는 가시들,
무릎을 찌르며 허벅지까지 그득하다

조금 더 깊숙이 들어간다면 깊은 우물도 출렁이겠다
애초에 바다였을 그곳은
신들이 꽃을 피워서 꽃잎 걸어두었던 곳,
세상으로 나가는 길이 시작되는 곳
꽃 금을 그은 길에 발자국만 남기고 어디만큼 가 있을까

   지붕에 박히지 못하고 흘러내리는 가시들 처마 밑으로 떨어진다
   몸을 서로 섞으며 순식간에 날카로움을 지우고 하나가 되어 흘러간다

   숲에 박힌 가시는 나뭇잎 한 장 한 장에 잎맥 같은 길을 그

려놓고는

    눈동자가 되어서 곳곳에 눈물샘을 만든다
    눈을 깜박일 때마다 숲이 자라고 새들의 꽁지깃이 젖는다

    처음부터 그곳에 있었던 길을 단지 잊고 있었을 뿐이라고
    실금이 갔던 하늘 어느 순간 쩍 하니 갈라져서 빛이 쏟아진다

    살갗에 박혔던 가시는 사라지고 꽃잎이 겹겹이 붙어 있다

잠망경

단단한 몸을 풀어내는 부들의 가계가 구름의 족속 같다

어쩌면 비단실 같기도 한
저 흰 실 꾸러미
부풀어질 대로 부풀어져서 옅은 숨의 색을 섞어가며
고요를 짜서 제 무늬를 짓는

지난여름 피워올린 연꽃의 습한 말들이
우물을 파놓았는지 흑단빛이고
물 밖으로 솟아 있는 연밥 속 수많은 눈은
물 위에 떠 있는 것들을 바라본다

내가 알던 당신이 낯선 사람이 되어 나를 비껴갈 때처럼
마치 아무렇지도 않은 듯
연밥 속에 적막을 묻어둔다

호수 밑바닥에 눈동자를 넣어두고
몸 뒤집는 연밥 잠망경에

부들의 깃털 씨앗이 구름새가 되어 날아간다

잘 짜진 말들이 잠망경에서 발아하여
끝 간 데 없이 번진다

그보다 더 오래된 슬픔

숲에 들어 한 그루 나무로 살았던 사람이
잎을 다 내려놓고
몸에 새겨두었던 시간을 쪽빛 하늘에 걸어두었을 때

붉은 벽돌집 마당에서도
어느 봄날처럼 꽃이 피고

봄을 타는 연두보다 더 빠르게 달리다가
멈춰 서서 바라보던 사슴의 몸에
백매화 무늬가 피어 있었다

꽃물 든 사슴이 매화 꽃송이 발자국을 남겨놓고
더 깊은 숲으로 들어가는 것을
우리는 어제의 일처럼 그저 바라보았다

그 어느 누구라도 피할 수 없었던 사슴과의 거리는
너무 멀지도 가깝지도 않은
마음만큼의 거리였으니

밀랍 같은 말을 할 수 있기를 바라지만
커다란 눈동자에 고인 빛이 일렁이는 것을 보고
어떤 슬픔은 오랜 시간이 흐르면
사슴의 눈에 고이는 빛 같은 것이라고 짐작만 할 뿐

구름이 내려놓은 빗방울이 발끝까지 스며들고
사슴 발자국에 고인 빗물이
그의 내밀한 기억의 문장을 되새김질하며
모든 낱말을 이어줄 때
깊은 산속에서 더할 수 없는 은자가 되어 살았던
한 사람의 청정한 기운이
온 산을 푸르게 물들이고 있었다

붉은 방

창문 위로 길게 늘어진 그림자를 잘라낸다
직선으로 뻗어가는 선은
지워내려고 하면 할수록 점점 더 앞으로 나아가고

문을 뜯어내고 창문에 눈[目]을 얹으니
한 사람이 빛 속에 서 있다

고양이 울음이 문틈으로 들어올 때
따라 들어온 그림자는
처음부터 혼자였다

어떤 말에도 닿을 수 없어 본문으로는 들어가지 못하고
낡은 책표지만 되새김질하는

누구라도 들어와서 내밀한 속을 들여다볼 수 있게
몸을 말아서 방을 만들어보지만
그 누구에게도 무엇이 될 수 없는 막막함이라니

상처가 상처를 핥아주는 밤
붉은 방에 번지는 주술사의 말들

비긴 어게인

방파제에서 홀로 연주한다는 것만으로
누군가에게는 충분히 위안이 된다

예감인 듯 바람이 불고 마른번개가 일며
아코디언을 수없이 폈다가 접으며 바람을 읽는 바다
그 젖은 마음이 방파제를 넘어선다

건기가 발을 빼고 우기의 이마가 보이는 계절
방파제에 앉아 있는 수많은 사람의 눈에도 바닷물이 차오르고
바다를 들인 기타로 연주하는 젊은 여행자의 손가락이
어느 순간 따스했던 기억을 불러낸다

저만치 홀로 앉아 있는 한 사람,
어떤 슬픔을 지고 있는지 오른쪽 어깨가 내려앉아 있다

처연한 상실도 때로는 뿌리가 돋느라 짙은 향기를 낼 적이 있다고

낯선 사람이 빚어내는 소리를 들이며
기울어졌던 몸이 점점 펴지고 있다

모르는 사람들이 모두 아는 사람이 되어서
음계를 짚어가는 사람의 마음 안으로 다 들어갔다
저녁 하늘이 바다보다 더 짙푸르다

오동꽃 필 무렵

보라 등을 켠 오동나무
쇄골에 집 한 채 얹고 있다

새들은 나무의 몸속을 드나들며
사리 지나 조금인 때
썰물 따라서 바다로 내려가
새로 쓰인 글을 읽어 나간다

누군가는 읽다가 목이 메었을 것 같은
꺾인 문장들이 돌기처럼 일어나
바닷물을 쓸어 당겼다가 내보내기도 하고
몇 문장은 끝나지 않는 말줄임표로 되어 있다

수많은 생각을 깊숙이 넣어두고
날마다 쓰고 있는 바다의 문장은 끝이 없다

새들도 오동꽃을 바다의 책갈피에 꽂아두고
다시 오동나무로 돌아온다

해설

존재의 비의(秘義)를 밝히는 낯섦의 시학

박진희(문학평론가)

『모란의 저녁』은 『와온』(문학의전당, 2010), 『내가 붉었던 것처럼 당신도 붉다』(시인동네, 2017) 이후 발간하는 김경성 시인의 세 번째 시집이다. 첫 시집에서 이번 시집에 이르기까지 김경성 시의 변하지 않는 특징 중 하나는 시가 감각을 중심으로 전개된다는 점일 것이다. 그의 시는 감정이 쉽게 드러나거나 서사를 통해 독자의 감성을 유도하지 않는다. 대상에 대한 치열한 관찰과 집요한 묘사로 이미지를 적층하고 그것에서 정서와 사유를 직조해 내는 것이 김경성 시인의 시작법의 특징이다. 시인은 익숙한 것과 낯선 것, 정적인 것과 동적인 것, 높은 것과 낮은 것 등등의 이항 대립이 만들어 내는 경계를 넘나들며 새로운 이미지와 의미를 창출하고 있다.

시적 소재는 일상의 익숙한 사물에서부터 타국의 낯선 대상이나 풍경에 이르기까지 그 스펙트럼이 매우 폭넓게 드러난다. 그런데 중요한 것은 그것이 어떠한 것이든 시인의 프리즘을 통과하고 나면 새로운 이미지와 낯선 분위기를 입게 된다는 사실이다. 이는 그의 시가 늘 일정 수준의 긴장을 담보하는 기반으로 작용하기도 하지만 또 한편으로는 시에서 발현하고 있는 의미나 정서가 한 번에 드러나지 않는다는, 이중의 의미망 속에 놓여 있음을 말해준다. 이러한 까닭에 독자가 이에 접근하는 것이 쉽지만은 않은데 이런 면이야말로 그의 시를 천천히 결을 더듬어가며 읽어야 하는 이유가 될 것이다.

  그렇다면 시인은 왜 이토록 낯선 것을 추구하고 낯선 이미지를 매개로 의미를 발현하려는 것일까. 그것은 아이러니하게도 사물의 본질 등을 좀 더 정확하게 전달하고 싶은 욕망에서 비롯된 것이 아닐까 한다. 여기서 '정확하다'는 것은 언어적 지시를 통해 이루어질 수 있는 경지가 아니다. 전달하고자 하는 것이, 사실이나 사건과 같은 명제적 지식이 아니기 때문이다. 감정이나 감각, 느낌 등 어떠한 상태가 된다는 것을 어떻게 정확하게 언어로 지시할 수 있겠는가. 그것은 경험을 통해서만 체득될 수 있는 것이자, 주체의 고유한 영역일 뿐 타자에게 그대로 전달한다는 것은 불가능한 일일 것이다.

  그러나 그 불가능성을 껴안고 고유한 영역의 경계를 해체하고자 끊임없이 시도하는 것이 시인의 임무 가운데 하나이다.

시인이란 어쩌면 언어를 통해 정확해지려 하면 할수록 그 실패를 확인할 수밖에 없는 아이러니에 놓여 있는 존재인지도 모른다. 김경성 시인이 언어에 대한 치열한 탐색에 천착하면서도 이미지를 매개로 의미를 전달하는 까닭이 여기에 있을 것이다.

1.

슬픔과 상처는 시인의 시세계를 이루는 주요 모티프 중 하나인데 여기에는 두 가지 특징이 함의되어 있다. 하나는 그것이 다양한 감각을 통해 발현된다는 사실이다. 시인의 시에서는 슬픔이나 상처의 구체적 서사가 드러나거나 서정적 자아의 감정적 토로가 직접적으로 제시되는 경우를 찾아보기가 어렵다. 시각이나 청각을 비롯한 다양한 감각들로 때론 명징하게, 때론 이미지의 겹침을 통해 슬픔이나 상처의 이미지를 창출해내는 까닭이다. 그 대표적인 예가 「보라의 원적」이다.

> 덧입혀진 색이 기울어져 있다
> 빛이 닿을 때마다 몸을 바꾸는 그림자에 물이 고인다
>
> 그 무엇과 부딪쳐서 생긴 흔적이
> 문득문득 몸 언저리에 피어나서

몸 바깥으로 나 있는 그림자의 길이 검붉었다

몸을 바꿔서 모서리가 되기로 했다
둥근 것들이 내는 소리가 부드러운 것만이 아니고
모서리가 내는 각지고 찔리는 소리 모두 날카로운 것도
아니었다

가장 깊게 부딪친 곳에 중심을 두고 옅어지는 보라는
천천히 빠져나가고
어떤 상처는 눈물 번지듯 뼛속까지 들어가서
움직일 때마다 찌르레기 소리가 났다

더 깊게 들어가 보기 전에는 알 수 없어
손차양을 하고 아득하게 바라보며 가늠할 뿐
여러 날이 지나야 사라지는 보라의 지문은
몸 안쪽에 고여 있던 슬픔이 흘러나온 것

목까지 차오른 보라의 원적은 슬픔의 색이라고
누구에게 이야기해야 하나

그 누가 숨 깊은 두 귀를 내게 내어줄 수 있을까
　　　　　　　　　　　　　—「보라의 원적」 전문

위 시는 내면에서 외면에 이르는 슬픔의 흐름을 공감각적으로 이미지화하고 있는 이채로운 작품이다. 이 시에서 '그림자'는 몸이 만드는 그늘일 뿐만 아니라 가시화된 내면의 이미지로도 의미화되고 있는데 그 매개가 되고 있는 것이 "그 무엇과 부딪쳐서 생긴 흔적", 곧 '멍'이다. 이것은 "몸 안쪽에 고여 있던 슬픔이 흘러나온 것"이자 "몸 바깥으로 나 있는 그림자의 길"에 이르기까지 검붉은 모습을 띠고 있다. 멍과 그림자의 이미지가 오버랩되면서 마치 내면에 있는 슬픔이 몸 바깥으로까지 흘러나와 길에 현상되는 듯한 느낌을 준다. 실상 이 시에서 '멍'이란 말은 등장하지 않는다는 사실에 주목할 필요가 있다. '보라'라는 시각적 효과로 제시하고 있을 뿐인데, 지시적 언어를 피하고 최대한 의미를 감각으로 전달하려는 시인의 의지를 간취할 수 있는 대목이다.

"가장 깊게 부딪친 곳"은 상처의 중심이자 가장 짙은 색을 띠는 곳이다. 그 중심에서부터 바깥 부위로 갈수록 '보라'가 점점 옅어지다가 사라지게 된다. 그러나 색이 옅어지며 사라진다고 해서 상처가 없어지는 것은 아니다. 그것은 "눈물 번지듯 뼛속까지 들어가서/움직일 때마다 찌르레기 소리"를 내는 경우도 있기 때문이다. "찌르레기 소리"는 움직일 때 느껴지는 '찌릿한' 통증을 환기하는데, 상처란 겉으로 보이는 것이 전부가 아님을 공감각적으로 드러내고 있는 경우이다. 수평적인 번짐의 현상을 수직적으로 변환하는 시적 의장으로 상처의 깊이를 담보하게 된 것이다. 그러므로 상처란 "더 깊게 들어가 보기 전에는 알 수 없"는 것이며 타자는 그저 "아득하게 바라보며 가늠할 뿐"이다.

서정적 자아에게 '보라'의 이미지는 "몸 안쪽에 고여 있던 슬픔이 흘러나온 것"으로 "보라의 원적은 슬픔의 색"이 되는 것이다. 그러나 이는 슬픔의 주체만이 아는 사실일 뿐, '아득하게 바라보며 가늠'하는 타자에게는 가닿을 수 없는 것이다. 자아가 "누구에게 이야기해야 하나", "그 누가 숨 깊은 두 귀를 내게 내어줄 수 있을까"라는 소통에 대한 회의적 정서를 드러내고 있는 까닭이 여기에 있다.

이것이 김경성 시의 슬픔이나 상처에 함의되어 있는 두 번째 특징이다. 그의 시에서 슬픔은 직접적으로 전달되지 않는다. 이는 두 가지 측면에서 야기되는데 하나는 파편화된 존재로서의 고독으로 '이야기'하고 들어줄 유대적 관계의 대상이 존재하지 않는다는 사실과 관련된다. 다른 하나는 "더 깊게 들어가 보기 전에는 알 수 없"는 것, 곧 슬픔의 본질에 도달할 수도 또 그것을 언어로 적확하게 지시할 수도 없기 때문에 누군가에게 '이야기'할 수 없으며 한다고 해도 전달되지 않는 것이다.

그림자가 없는 사람들이 걸어가고 있다, 한결같이

날개를 활짝 편, 새 한 마리씩 데리고 간다

저 새들은 모두 어디로 가는 걸까
어떤 새는 숲으로 들어가고
어떤 새는 골목길에 있는 작은 문을 열고 들어간다
날지 못하는 새는 눈물 흘리며 뭔가를 말하려고 하는데
자꾸만 날개 속으로 들어가는 사람들
아무도 귀 기울이지 않는다

누군가에게 기대어 사소한 말이라고 하고 싶은데, 젖어 있을 때만
날개를 펼 수 있는 새의 운명을 무어라 불러야 할까

날개 접은 새를 안고 버스 뒷자리에 앉는다
버스 문이 여닫혀도 놀라지 않고
부리로 무언가를 쓴다

모스 부호 같은 말들을 읽느라 내릴 곳을 놓쳐버린 나는
우음도 가는 사강 어디쯤에서
지도에도 없는 길 너머로
젖은 새를
날려 보냈다

―「우산」전문

    이 시는 비 오는 날 우산을 쓰고 다니는 사람들의 모습에 착안하여 이미지화한 작품이다. "그림자가 없는 사람들"이란 일차적으로 비 오는 날, 곧 해가 뜨지 않는 날이기 때문에 그림자가 없다는, 물리적인 사실에서 비롯된 이미지이다. 그러나 이 시를 끝까지 꼼꼼하게 읽고 나면 그것이 슬픔이나 상처 등을 드러내지 않는, 혹은 그것을 느끼지 못하는 존재에 대한 표상임을 알게 된다.

    이 시에서 '우산'은 "그림자가 없는 사람들"이 '데리고 다니는 새'로 의미화되고 있는데 이 '새'가 눈물을 흘리고 있다는 것에서 "그림자가 없는 사람들"의 슬픔쯤으로 이해된다. 누구나 슬픔 하나씩은 짊어지고 있다는 의미인 셈인데, 어떻든 이 시에서도 슬픔은 전달되지 않는다. '새'가 "날지 못하는 새"이며 "눈물 흘리며 뭔가를 말하려고 하는데", "아무도 귀 기울이지 않는다"는 점에서 그러하다. 그런데 주목할 점은 이 '새'는 "그림자가 없는 사람들"이 '데리고 다니는 새'로, 타자의 슬픔이 아니라 자아 자신의 슬픔이라는 사실이다. 다시 말해 이 세계의 존재는 자신의 슬픔에조차 귀를 기울이지 않는다는 의미가 되는 것이다.

    서정적 자아는 "날개 접은 새를 안고 버스 뒷자리에 앉"아 '새'가 부리로 쓰는 '무언가'를 읽는 것에 열중한다. 이는 자아가 슬픔에 빠져 있다는 의미도, 자신의 슬픔을 들여다보고 있다는 의미도 된다. 그러나 슬픔의 의미를, 그 본질을 알 수는 없다. "어떤 말에도 닿을 수 없어 본문으로는 들어가지 못하고 /낡은 책표지만 되새김질하는"(「붉은 방」) 것이 자아가 처한 현실이기 때문이다. "모스 부호 같은 말들을 읽느라 내릴 곳을 놓쳐버"렸다는 사실이 이를 말해 준다. 결국 언어라는 상징체계의 질서 속에서는 슬픔의 본문에 들어갈 수 없는 것이다. 자아가 "지도에도 없는 길 너머로/젖은 새를/날려 보"낼 수밖에 없는 까닭이 여기에 있다.

2.

시인의 시에서 슬픔과 상처는 고립되어 있다는 특징을 보인다. "누구라도 들어와서 내밀한 속을 들여다볼 수 있게/몸을 말아서 방을 만들어보지만/그 누구에게도 무엇이 될 수 없는 막막함"(「붉은 방」)을 느끼는 것이 시인의 서정적 자아이기 때문이다. 그렇다면 어떻게 그것의 본질에, '내밀한 속'에 가닿을 수 있고, 또 타자에게 그 '무엇'이 될 수 있을까. 분명한 것은 언어로 표상되는 상징계의 질서, 이성, 합리 등으로는 가능하지 않다는 사실이다. 시인의 시에서 그것은 불규칙적이고 비가시적인 '번짐'이나 '스밈' 등의 현상이나 그러한 감각을 통해서 가능해진다.

여강에는 당신도 모르고 나도 모르는 섬이 있다

그 섬에는 새들이 젖은 깃털을 말리고
이따금 밀려오는 파문이 섬까지 닿는다

강 건너편으로 가는 새들은
발목이 휘는지도 모르고 길고 긴 물의 그물을 하염없이 끌고 가다가
강둑에 걸쳐 놓는다

강물은 아무 일도 없었던 것처럼 입을 다물고
바람이 흘러가는 시간을 밀고 오면
강 속으로 뛰어든 구름이 몸을 풀어 감싸 안는다

석탑의 깨진 지붕돌이 가라앉은 물속으로 뛰어드는
새 한 마리,
가장 아픈 시간의 조각을 물고 떠오른다

삼층석탑의 그림자가
물 위에 길게 드리워지며 그대로 섬이 된다

여강은 말없이 흐르고

새가 들어 올린 지붕돌 조각이 탑에 닿았는지

풍탁 소리가 번진다

바람이 분다

나도 당신도 그렇게 하염없이 번진다

        —「여강에는 섬이 있다」 전문

 이 시에서 "당신도 모르고 나도 모르는 섬"은 물 위에 드리워진 "삼층석탑의 그림자"이다. 이는 '그림자'라는 말에서 알 수 있듯 실체가 아니라 이미지일 뿐이며 생기는 때가 있는가 하면 그렇지 않은 때도 있다. 불확정적이고 유동적이라는 의미인데, 이것이 섬에 대해 "당신도 모르고 나도 모르는" 이유가 된다.

 '여강'은 '그림자' 곧 '섬'이 생성될 수 있는 바탕인데, 시인의 시에서 슬픔은 주로 '젖은 새', '젖은 마음' 등과 같은 '물 이미지'로 발현된다는 점에서 '여강'을 슬픔의 표상으로 읽을 수도 있을 것이다. 강물은 "입을 다물고", "말없이 흐르고" 있고 여기에 바람이 흐르고 시간이 지나고 있다. 강 속으로 뛰어든 '구름'은 몸을 풀어 감싸 안고 있고 새는 물속에서 석탑의 깨진 지붕돌 중 "가장 아픈 시간의 조각"을 물고 나온다. 강물에 비치고 스미고 강 속으로 뛰어드는 이들은 모두 슬픔의 존재들이라 할 수 있을 것이다.

"출처가 지워진 물길이 강의 깊은 속까지 흘러 들어가서/우리도 모르는 상처가 섞이면서 흔들리는 것"(「상처에 관한 변주곡」)처럼 시인의 시에서 '슬픔의 본문'은 이렇게 '말'이 아닌 겹침과 스밈, 섞임 등과 같은 이미지의 교직이나 동일화를 통해 드러난다. 말 없는 강에 '바람'과 '구름'과 '새', '가장 아픈 시간의 조각' 등이 '석탑의 그림자'와 어우러지며 풍경을 이루고, 이 찰나의 아름다움은 '풍탁 소리'로 전이되어 '번져'나간다. 찰나의 시공간이 확장되고 있는 것이다. 마치 슬픔은 이해하는 것이 아니라 물드는 것이라는 듯 "나도 당신도 그렇게 하염없이 번"지고 있다.

> 방파제에서 홀로 연주한다는 것만으로
> 누군가에게는 충분히 위안이 된다
>
> 예감인 듯 바람이 불고 마른번개가 일며
> 아코디언을 수없이 폈다가 접으며 바람을 읽는 바다
> 그 젖은 마음이 방파제를 넘어선다
>
> 건기가 발을 빼고 우기의 이마가 보이는 계절
> 방파제에 앉아 있는 수많은 사람의 눈에도 바닷물이 차오르고

바다를 들인 기타로 연주하는 젊은 여행자의 손가락이
어느 순간 따스했던 기억을 불러낸다

저만치 홀로 앉아 있는 한 사람,
어떤 슬픔을 지고 있는지 오른쪽 어깨가 내려앉아 있다

처연한 상실도 때로는 뿌리가 돋느라 짙은 향기를 낼 적
이 있다고
 낯선 사람이 빚어내는 소리를 들으며
 기울어졌던 몸이 점점 펴지고 있다

모르는 사람들이 모두 아는 사람이 되어서
음계를 짚어가는 사람의 마음 안으로 다 들어갔다
저녁 하늘이 바다보다 더 짙푸르다
―「비긴 어게인」 전문

「비긴 어게인」에서도 슬픔은 타자와의 동일화를 통해 아름다운 어느 한순간으로 구현되고 있는데 그 바탕이 되고 있는 것이 '바다'라는 점에서 차이가 있다. '눈에 바닷물이 차오르는 수많은 사람'이나 "바다를 들인 기타로 연주하는 젊은 여행자"라는 표현에서 '바다'의 "그 젖은 마음"이 방파제에 모인 사람들에게 스며들고 있음을 알 수 있다. 그것을 더욱 구체적

으로 보여주는 대상이 "저만치 홀로 앉아 있는 한 사람"이다. '저만치', '홀로', '어떤 슬픔', '처연한 상실', '내려앉은 어깨' 등 그를 수식하는 말들은 모두 소외, 고립, 깊은 상처 등과 연결되는 것들로 「보라의 원적」이나 「우산」의 서정적 자아를 떠올리게 한다. 그러나 이 시의 "저만치 홀로 앉아 있는 한 사람"의 태도는 「보라의 원적」이나 「우산」 등의 경우와는 사뭇 다르다. 이들 작품에서 서정적 자아가 자신의 슬픔을 누군가에게 이해시키기 위해 '이야기'하는, 혹은 들어주고 이해해 줄 대상을 염원하는 주체라면 「비긴 어게인」의 '한 사람'은 "낯선 사람이 빚어내는 소리를 들이"는 슬픔의 주체인 까닭이다.

이 시에서는 '들인다'라는 표현에 주목할 필요가 있다. "낯선 사람이 빚어내는 소리"를 '듣는다'라고 하지 않고 '들인다'라고 하고 있거니와 이 '소리' 또한 "바다를 들인", 바다의 "그 젖은 마음"을 '들인' 소리이기 때문이다. 중요한 것은 "낯선 사람이 빚어내는 소리를 들이며/기울어졌던 몸이 점점 펴지고 있다"는 점이다. 이처럼 바닷가에 모인 '모르는 사람'들은 "낯선 사람이 빚어내는 소리"를 각자의 마음 안으로 '들임'으로써 "모두 아는 사람"이 되어서 그 '낯선 사람의 마음 안'으로 "다 들어"가고 있고, 이를 통해 "바람이 불고 마른번개가 일"던 바다는 '위안'의 시공간으로 변모하게 된다.

시인에게 슬픔이나 상처는 '말'을 통해 누군가에게 이해시킬 수 있는 성질의 것도, 또 그렇게 치유될 수 있는 것도 아니다.

타자의 슬픔을, '그 젖은 마음'을 내 안으로 '들일' 수 있을 때 슬픔과 상처로 '기울어졌던 몸'이 펴지게 되는 것이다. "상처가 상처를 핥아준다"(「붉은 방」)거나 "우리도 모르는 상처가 섞이면서 흔들린다"(「상처의 변주곡」)는 것 또한 동일한 맥락에 놓이는 인식이라 할 수 있을 것이다.

「여강에는 섬이 있다」와 「비긴 어게인」은 슬픔의 존재들이 서로 '스미고 섞이고 들이는' 동일화의 과정에 다양한 감각을 입힘으로써 아름다움의 시공간을 구현하고 있다는 점에서 의미가 있는 작품들이다. 시인의 시에서 슬픔이나 상처는 이제 더 이상 고립되거나 소외되어 있지 않다. 듣지 않는 이 앞에서 굳이 '이야기'하지도 않는다. 슬픔과 슬픔이 만나고 섞여서 소리로, 향기로 아름다움을 입고 '번져' 나가고 있기 때문이다.

3.

김경성 시인은 새로운 이미지를 창출해 내는 데 탁월한 감각을 지녔다. '멍'이나 '우산'과 같은 일상에서 길어 올린 소재나 강, 바람, 바다, 새와 같은 자연물도 시인의 시선을 통과하면 일상과 익숙함을 초월하는 낯선 이미지로 새롭게 태어나게 된다. 시인은 여행을 많이 하는 듯하다. 그의 시에 먼 이국에서의 경험이 농밀하게 배어 있는 것에서 이를 간취할 수 있는데, 이 또한 낯섦에 대한 감각과 연결되는 부분이라 할 수 있다. 그렇다면 시인에게 낯섦이란 어떤 의미일까. 「낯선」이라는 작품에서 이를 잘 드러내 보여주고 있다.

   낯선 당신과 낯선 내가 마주치면 어떨까

   아무도 찾아오지 않는 늙은 간이역처럼 언덕 위에 홀로 서 있는 나무를 향해서 걸었다 처음 불러보는 나무와 자주 불러주었던 꽃들이 뒤섞여서 낯선, 이라는 말이 사라지고 익숙함이 길 위에 펼쳐졌다

   낯선 당신은 가까이 있고, 낯선 나는 멀리 있는 사람

   이름을 불러주지 않아도 그 자리에서 해를 먹고, 달을 굴리는 사람

   얼마나 많은 시간 동안 낯섦을 입안에 넣고 궁굴렸는지 동그랗게 닳아버린 낯섦이 나서는으로 바뀌었다

   나는 길을 나서는 사람

   저물녘 새들이 흙 목욕을 하는지
밭고랑에 앉아서 흙먼지를 일으키고

수선화는 모두 같은 곳을 바라보고 있다

　길 끝에 걸려 있는 민들레가 날고 있다

　나에게서 더 낯설어져야겠다

―「낯선」 전문

　낯설다는 것은 '알지 못함'과 연결되는 것으로, 인간에게 불안과 불편을 안겨준다. 인간이 모든 대상을 예측 가능한 인식의 범주 안에 위치시키기를 욕망하는 까닭이 여기에 있다. 낯선 것을 확인하여 가능한 한 빨리 익숙한 것으로 만들려는 인식 행위는 어쩌면 본능에 속하는 것일지도 모른다. 익숙한 것, 아는 것이 주는 안전감 때문이다. "처음 불러보는 나무와 자주 불러주었던 꽃들이 뒤섞여서 낯선, 이라는 말이 사라지고 익숙함이 길 위에 펼쳐"지는 현상이 일어나는 것은 이 때문이라 할 수 있다.

　요컨대 「낯선」에서 '처음'과 '자주', '낯섦'과 '익숙함'의 길항 관계는 결국 '익숙함'으로 평정된다. 실상 '안다'는 인식이나 익숙함은 때로 견고한 경계랄까 울타리로 기능하는 위험성이 상존하는 것도 부인할 수 없는 사실이다. 그것은 '내가 옳다'는 아집이나 '우리'라는 편향된 집단의식으로 이어져 '다른 것', 곧 '낯선 것'을 용납하기 어렵게 만들기 때문이다. 이념, 종교, 성별 등에 기반한 갈등 등, 전 세계적으로 고조되고 있는

다양한 양태의 양극화는 이러한 메커니즘에서 빚어지는 현상일 터다.

위 시가 의미 있는 것은 바로 이러한 맥락에서인데 시인은 '낯섦'과 '익숙함'의 관계를 전복시킨다. "얼마나 많은 시간 동안 낯선을 입안에 넣고 궁굴렸는지"에서 보듯 이 시의 시적 주체는 '낯선'을 집요하게 붙잡고 있다. 그런데 '낯선'에 시간이 함의되면 그것은 '익숙한'으로 나아가게 마련인데 이 시에서는 "동그랗게 닳아버린 낯선이" 또 다른 '낯선'을 찾기 위한 "나서는"으로 전화하고 있어 이채로운 경우이다.

"낯선 당신"은 가까이 있는 사람으로, 익숙한 대상인 '나'는 "낯선 나", "멀리 있는 사람"으로 거리화하고 있는 양상에서도 '익숙함'에 대한 경계를 확인할 수 있다. 그러므로 "낯선 당신과 낯선 내가 마주치면 어떨까"라는 인식은 '나', '우리'라는 익숙함의 임계를 해체하고 고유한 존재로서 맺는 평등한 관계에 대한 지향으로 읽을 수 있다. "나에게서 더 낯설어져야겠다"라는 결의 또한 동일한 맥락에서 타자와의 소통과 유대, 자유롭고 유연한 존재로서의 관계 맺음에 대한 의지라 할 수 있을 것이다. 이는 타자의 슬픔을 내 안으로 '들이고' 그것과의 '섞임'을 통해 아름다움으로 나아갔던 슬픔의 행보와 다른 것이 아니다. 이런 까닭에서일까. 시인의 시선은 상처받고 소외된 존재로 자주 향하고, 무용하고 낡고 저물어가는 사물에 오래 머문다. 가령, '캥거루'와 '해바라기' 같은 것들이 그러하다.

잘 익은 햇빛과 바람이 긴 목을 타고 넘어와서
당신의 입술을 적시던 시간
너무 멀리 가 있다

말할 수 없는 냄새로 가득 차 있는
오크통에서 발효되었던 시간,
코르크를 따는 순간 어떤 기류에 휩싸였었다

누군가 꺾어서 버린 해바라기 몇 송이
캥거루의 뱃속에서 마르고 있다
시간을 읽지 않는 해바라기
살아 있는 동안 해 뜨는 곳을 바라봤다면
이제는 해 지는 쪽을 바라보리라

캥거루 그림이 그려진 와인 병, 더는 빈 병이 아니다
캥거루의 긴 다리에 눈이 걸린다

점점 더 고개를 숙이는 마른 해바라기를 꺼내놓고
병을 굴려본다

캥거루가 달린다

달리고 또 달린다

—「캥거루와 해바라기」 전문

이 시의 제목인 "캥거루와 해바라기"는 관계를 유추하기 어려울 만큼 이질적인 대상들인데 이들의 공통점은 무용, 소멸 등의 의미를 함의하고 있다는 사실이다. '캥거루'는 "캥거루 그림이 그려진 와인 병"의 제유인데, 이 와인 병은 빈 병이 된 지 이미 오래고, '해바라기' 또한 "누군가 꺾어서 버린" 꽃으로 "점점 더 고개를 숙이"며 말라가고 있기 때문이다. 그러나 이들이 처음부터 쓸모없고 죽어가는 존재였던 것은 아니다. '캥거루 와인 병'엔 "잘 익은 햇빛과 바람이 긴 목을 타고 넘어와서/당신의 입술을 적시던 시간"이 있었고 해바라기엔 "해 뜨는 곳을 바라"보며 키를 키우던 시간이 있었다. 이제 이 시간들은 "너무 멀리 가 있"거니와 시간의 흐름에 있어서는 서정적 자아와 '당신'도 예외적 존재가 아니다.

이 쓸모 없고 죽어가는 존재들이 만나 서로를 채우며 어느 한순간의 새로운 풍경으로 되살아나고 있다. "캥거루 그림이 그려진 와인 병"은 해바라기를 품고 있음으로 해서 "더는 빈 병이 아니"게 되었고 이미 '시간이 멈춘' '해바라기'는 '캥거루의 뱃속'에서 시간을 연장하고 있다. 이 또한 낯선 것들 간의 섞임이라 할 수 있을 것이다. 그러나 어떤 것이든 영원할 수는 없는 법, 해 지는 쪽을 바라보며 "점점 더 고개를 숙이는 마른 해바라기"는 병에서 꺼내어지고 '캥거루의 긴 다리'가 눈에 들어온 자아는 병을 굴려본다. 그러자 "캥거루가 달린다/달리고 또 달린다". 캥거루가 달리면 달릴수록 마치 영사기가 돌아가듯 '당신'이 와인을 마시던 순간, 포도가 오크통에서 발효되던 시간, 해바라기가 해 뜨는 곳을 바라보며 키를 키우던 때, 그 "너무 멀리 가 있는 시간"들이 눈앞에 생생하게 펼쳐지는 듯하다.

시인은 빈 와인 병이나 꺾어 버려진 해바라기와 같은 일상의 비루한 대상들을 가볍게 흘려보지 않는다. 무용하고 소멸에 이른 것들은 중심에서 벗어나 있는 소외된 존재라는 점에서 타자이자 낯선 것에 해당한다. 시인은 이 낯선 타자를 자신의 시선 안으로 '들여' 그것에 내재되어 있는 의미를 드러나게 하고 있으며 그것들을 마주치고 섞이게 함으로써 새로운 이미지와 의미를 창출하고 있다. 정적인 것과 동적인 것, 시간과 공간을 넘나드는 이미지는 '어떤 기류'를 형성하고 우리는 그 기류에 꼼짝없이 휩싸이게 된다.

김경성 시인은 낯설고 직관적인 이미지를 매개로 의미를 구현한다. 그것은 본질에 근접하고자, 더 정확해지고자 하는 욕망에서 비롯된다. 다시 말해 기표로 지시할 수 없는 기의를 이미지를 통해 암시하는 것이다. 시인은 안정적이고 익숙한 것의 힘을 포기하고 끊임없이 낯선 것들을 찾아 나설 뿐만 아니라 시인 자신으로부터도 낯설어지고자 부단히 노력한다. 이 낯설어지고자 하는 고투는 '나만의', '우리만의'라는 견고한 경계를 허물고 타자와의 공유지대를 확장하고자 하는 의지에 다름 아니다.

  그의 시세계에서 익숙한 대상들은 고정된 실체를 사상한 채 자유롭게 섞이고 스미고 번지며 낯선 이미지를 입고 새로운 의미로 탄생한다. 이 낯선 것들, 타자화된 것들 속에 웅크리고 있는 비의(秘義)를 밝혀 드러내는 것, 이것이 김경성 시가 획득한 의미이자 그의 시에서 발현되는 경이로운 아름다움의 요체일 것이다.

시인동네 시인선 219

모란의 저녁

ⓒ 김경성

초판 1쇄 인쇄	2023년 11월 16일
초판 1쇄 발행	2023년 11월 23일
지은이	김경성
펴낸이	김석봉
디자인	헤이존
펴낸곳	문학의전당
출판등록	제448-251002012000043호
주소	충북 단양군 적성면 도곡파랑로 178
전화	043-421-1977
전자우편	sbpoem@naver.com

ISBN 979-11-5896-623-2 03810

*이 책의 판권은 지은이와 문학의전당에 있습니다.
*양측의 서면 동의 없는 무단 전재 및 복제를 금합니다.
*잘못 만들어진 책은 바꿔드립니다.